DIE STADT
EDINBURGH

Der erste Besuch in Edinburgh stellt in der Tat ein unvergeßliches Erlebnis
dar. Man kann das Schloß, das praktisch über der Stadt thront, fast von
überall aus sehen. Ohne seine mächtige Präsenz existierte diese Stadt
nicht. Unterhalb des Schlosses befindet sich die Altstadt, deren graue
Mietshäuser, enge Gassen, Höfe und Hausdurchgänge Geheimnisse und
Legenden, von Helden und Schurken erzählen. Vom Schloß aus führt die
Königliche Meile (Royal Mile) hinunter zum Palast Holyroodhouse, der
im Schutz von Arthurs Sitz (Arthur's Seat) liegt. Überall sind klare
Zeugnisse der turbulenten schottischen Geschichte erhalten.
Im Norden, auf der anderen Seite der Princes Street, befindet sich die
Neustadt, in der eine ruhigere Atmosphäre herrscht. Sie wurde im
georgianischen Stil erbaut und ist vom Zeitalter der Vernunft geprägt. Wie
überall in Edinburgh geht auch hier die Harmonie zwischen Altem und
Modernem auf das Schloß zurück.

Das Schloß steht so fest und sicher oben auf dem Felsen, daß es durch Menschengewalt niemals zerstört werden kann. Die Mauern sind undurchdringlich, die Schutzwälle unbezwinglich, das Bollwerk unbesiegbar. Nur ein Weg führt hinein.

JOHN TAYLOR, 1618

OBEN: Der dramatische Schloßfelsen diente vermutlich seit dem Eisernen Zeitalter als Festungsanlage. Die heutigen Schloßgebäude stammen aus der Herrschaftszeit Malcolm Canmore (1085–93).

RECHTS: Die Schloßesplanade führt zum Torhauseingang, der von den Statuen von Robert the Bruce und William Wallace flankiert ist.

Die St. Margarethen-Kapelle aus dem 11. Jh. ist das älteste der heute erhaltenen Schloßgebäude. Sie wurde von der frommen Königin Margarethe, Gemahlin Malcolms III., gebaut und als einziges Gebäude verschont, als Graf Thomas Ranulph von Moray das Schloß 1313 dem Erdboden gleichmachte.

Auch die übrigen Gebäude von Schloß Edinburgh, das seit 900 Jahren im Mittelpunkt des schottischen Lebens steht, haben eine abwechslungsreiche Geschichte hinter sich.

Aufgrund seiner Lage eignete sich das Schloß vorzüglich als Gefängnis. Viele berühmte Männer waren hier wegen ihrer

Überzeugungen oder für begangene Verbrechen eingesperrt, wurden gefoltert und fanden den Tod. 1479 zum Beispiel war Herzog Alexander von Albany, Bruder Jakobs III., im Davids-Turm gefangen. Zusammen mit seinem Diener tötete er den Wachkommandanten und drei weitere Soldaten, als diese betrunken waren. Dann ließ er sich an einem Seil die Schloßmauer hinunter und floh. Der Marquis von Argyll starb 1661 durch das schottische Fallbeil ("Maiden"), weil er auf der Seite der Parlamentarier stand. Als sich das politische Klima änderte, wurde Henry Neville Payne, ein englischer Adliger, hier mit dem spanischen Stiefel und Daumenschrauben gefoltert, weil er um 1690 die Jakobiner unterstützt hatte.

Der Graf von Crawford berichtete, daß "es an ein Wunder grenzte, daß er die Leiden, denen er zwei Stunden lang ausgesetzt war, ohne ohnmächtig zu werden überlebte."

Gefangene aus den Napoleonischen oder anderen Kriegen gegen Frankreich wurden in den Gewölben unter der Großen Halle begraben. Einen von ihnen machte Robert Louis Stevenson in seinem Roman mit dem Titel "St. Ives" zur Hauptfigur. Ihr Schicksal war nicht ganz so schwer wie das früherer Gefangener – die Bürger der Stadt Edinburgh unterstützten sie mit Einzahlungen in einen Fonds und kauften die Spielzeuge, Schnupftabak- und Schmuckdosen, die von den Gefangenen hergestellt wurden. Da einige von ihnen nach der Entlassung an den Gouverneur schrieben und sich für die gute Behandlung bedankten, ist anzunehmen, daß es ihnen nicht zu schlecht erging.

BEN: Tribut an die chottischen Grauen" er den Princes Street- ärten. Im Hintergrund s Schloß.

KURZER GESCHICHTSABRISS DER STADT EDINBURGH

DAS HAUS ALPIN
626 — Edwin von Northumbia gründet Edinburgh, die "Festung auf dem Felsen".
1018 — Malcolm II. schlägt Northumbria und erklärt Edinburgh zur schottischen Stadt.

DAS HAUS CANMORE
1128 — David I. gründet das Kloster Holyrood.

DAS HAUS BRUCE
1296 — Der englische König Edward I. plündert das Edinburgher Schloß.
1313 — Das Schloß geht wieder in schottische Hand über.
1322 — Kloster Holyrood wird von den Engländern geplündert.
1368 — Der Wiederaufbau des Schlosses beginnt.

DAS HAUS STEWART
1498 — Der Palast Holyroodhouse wird gebaut.
1513 — Viele Edinburger Soldaten fallen auf Flooden Field.
1560 — Im Vertrag von Edinburgh geben die Franzosen jeglichen Anspruch auf Schottland auf.
1566 — Rizzio, der Sekretär Königin Marias von Schottland, wird auf Schloß Holyroodhouse ermordet.
1583 — Gründung der Universität Edinburgh.

1650 — Exekution des Monarchisten Montrose.

EDINBURGH ZUR ZEIT DER STUARTS
1707 — Im Rahmen des Unionsgesetzes geht die Macht von Edinburgh auf Westminster über.
1711 — Der Philosoph und Historiker David Hume wird geboren.
1723 — Der Wirtschaftspolitologe Adam Smith wird geboren.
1745 — Bonnie Prinz Charlie erobert Edinburgh kurzfristig.

DAS ZEITALTER DER AUFKLÄRUNG
1767 — Baubeginn der ersten Neustadt.
1771 — Der Romancier Walter Scott wird in Edinburgh geboren.
1810 — Bauvollendung der ersten Neustadt.

EDINBURGH ZUR ZEIT KÖNIGIN VIKTORIAS
1846 — Edinburgh wird per Bahnlinie mit London verbunden.
1850 — Robert Louis Stevenson wird in Edinburgh geboren.

DIE NEUZEIT
1947 — Erstmalige Veranstaltung der Edinburgher Festspiele.
1966 — Gründung der Heriot-Watt-Universität.

Die zahlreichen Legenden über die Belagerungen des Edinburgher Schlosses erzählen zugleich die stürmische Geschichte Schottlands. Aufzeichnungen zufolge wurden 1327 während des Krieges Eduards II. gegen die Schotten auf den britischen Inseln zum ersten Mal Artilleriegeschütze eingesetzt. Erst einige Jahre später gehörten Kanonen auch zum Inventar des schottischen Waffenlagers.

Die Riesenbombarde Mons Meg, die Herzog Philip von Burgund 1449 anfertigen ließ, ist Thema vieler romantischer Legenden. Als Onkel der Gemahlin Jakobs II. von Schottland hatte der Herzog lange keine Verwendung für die Mons und schenkte sie schließlich dem Gemahl seiner Nichte. Für Jakob, der sich sehr für Kanonen interessierte, war es das ideale Geschenk. Das Aufstellen der Mons in Schottland kann man heute mit der Stationierung von Nuklearwaffen in Europa vergleichen – sie stellte damals eine sensationelle neue Vernichtungswaffe dar. Unglücklicherweise führte Jakobs Leidenschaft für Kanonen 1460 zu seinem Tode. Bei der Zündung einer Kanone hatte er zu dicht daneben gestanden.

Es gibt Zeugnisse darüber, daß die Mons Meg 1489 (unter Jakob III.) und 1497 (unter Jakob IV.) einsatzbereit gemacht wurde. Es ist jedoch nicht bekannt, ob sie auch tatsächlich gezündet wurde. "Der erste Kanonenschuß fiel als

LINKS: Blick auf das Schloß, links der Ross-Brunnen (Ross Fountain) in der Princes Street. Vor dem Bau der Neustadt befand sich auf dem heutigen Gartengelände ein größeres Gewässer namens Nor' Loch.

LINKS UNTEN: Die Insignien der schottischen Monarchen – Krone, Zepter und Schwert.

UNTEN: Waffen- und Rüstungs- sammlung in der Großen Halle (Great Hall). Sehr interessant ist hier die Stichbalken- decke. Masken von Menschen und Tieren zieren die von gemeißelten Steinkonsolen abgestützten Streben.

Salutschuß an dem Tag, an dem Jakob V. geboren wurde" (1473).

In einem kleinen Gemach des Palastes, den Jakob IV. auf dem Schloßfelsen errichtet hatte, kam Jakob VI. zur Welt. Hier werden auch heute noch die schotti- sche Krone, Zepter und Schwert aufbe- wahrt. In einem anderen Teil des Schlosses ist das Museum der vereinten schottischen Streitkräfte mit einer wertvollen Sammlung an Militärreliquien, Uniformen, Medaillen, Flaggen, Trophäen, Verdienstorden und Waffen untergebracht.

Die Große Halle wurde von Jakob IV. restauriert und für Parlamentssitzungen und Staatsbanketts benutzt. Karl I. dinierte hier, und Oliver Cromwell war hier zu Gast.

Erst 1887 kan der Verleger William Nelson für die Restaurierung der ehemals glanzvollen Halle auf.

UNTEN: Die Decke der Andreaskapelle (1911). Die Ritter des Andreasordens ließen in der St. Giles-Kathedrale ihre eigene Kapelle errichten.

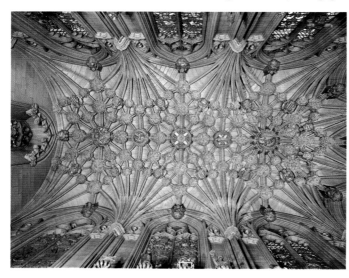

Das Edinburgher Schloß war neun Jahrhunderte lang der gesellschaftliche Mittelpunkt Schottlands. Religiöser Mittelpunkt war die St. Giles-Kathedrale, die Edinburgher Hochkirche.

1150 bewirtschafteten die Mönche von St. Giles das umliegende Land, und gegen Ende des Jhs. wurde eine größere Kirche errichtet. Daß diese erste Pfarrkirche dem hl. Giles, einem beliebten Schutzheiligen in Frankreich, geweiht wurde, geht vermutlich auf das alte Bündnis zwischen Schottland und Frankreich zurück.

Die Witwe Jakobs II. baute die St. Giles-Kathedrale 1460 aus. Der Altarraum wurde hinzugefügt, das Dach erhöht und die Lichtgadenfenster eingesetzt. 1467 stimmte eine päpstliche Bulle dem Vorschlag Jakobs III. zu, sie zur Kollegiatskirche zu erklären.

St. Giles wurde finanziell von Handelsgesellschaften – und jeweils aus unterschiedlichen Gründen – von Monarchen und dem Adel unterstützt.

Schottland war bis zur Reformation in der Mitte des 16. Jhs. katholisch. Die Pfarrkirche Edinburgh spielte bei den religiösen Umwälzungen eine zentrale Rolle.

St. Giles wurde hauptsächlich durch John Knox, der sich als "Sprachrohr Gottes" verstand und sich öffentlich gegen das Papsttum auflehnte, berühmt. "Er ist der Hauptverantwortliche für die Probleme, die in Schottland seit der Ermordung des Kardinals herrschen."

Mit dem Kardinal ist Knox' Zeitgenosse Kardinal Beaton gemeint, der 1546 von Schotten ermordet wurde, nachdem der Militärreformer Wishart, den Knox verehrt hatte, auf dem Scheiterhaufen verbrannt worden war. Nach dem Tode des Kardinals wurde Knox Prediger. "Andere haben versucht, an den Zweigen des Papsttums zu sägen, aber Knox bekämpft das Problem von der Wurzel her."

Als Wishart verhaftet wurde, hatte er Knox laut dessen Aussage gebeten, ihm nicht ins Märtyrertum zu folgen. Er meinte, daß das Opfer eines Mannes genüge. Knox sah ein, daß er seiner Sache besser lebend als tot dienen könne.

Er war ein Anhänger des französischen Philosophen Calvin, der in Genf die Lehre der göttlichen Vorherbestimmung verbreitete, d. h. daß nur Auserwählte in Gottes Himmelreich gelangten. Knox war Galeerensträfling der Franzosen und als Lehrer in Genf, Frankfurt und Newcastle tätig gewesen, bevor er 1559 als Pfarrer nach St. Giles berufen wurde. Durch die Veröffentlichung seiner Abhandlung "Gegen die widernatürliche Herrschaft von Frauen" (The First Blast of the Trumpet against the Monstrous Regiment of Women) zog er sich den Zorn Elisabeths I. zu. Sie war so erbost über seine Schrift, daß sie ihm nicht erlaubte, auf dem Weg zurück von Genf nach Schottland durch England zu reisen.

Die "Kongregation", wie die Anhänger von Knox genannt wurden, interpretierte seine Predigten als Anstiftung zum Ikonoklasmus und verhielt sich dementsprechend. Der Versuch einer Rebellion schlug fehl, und Knox war gezwungen, Edinburgh zu verlassen. Die Sache der "Kongregation" wurde vor einer militärischen Katastrophe durch Intervention der Engländer bewahrt. Im Vertrag von

OBEN: Ausschnitt eines Fenster im Hause von John Knox, das Knox mit passenden Symbolen zeigt: den Kirchturm von St. Giles, Trauben und Getreide (hl. Kommunion), die Wappen von Schottland und Edinburgh, eine geöffnete Bibel, ein Kreuz, eine Schlange (Johannes 3,14) und das Lamm Gottes.

LINKS OBEN UND MITTE: Das Haus von John Knox um 1760 und heute. Es steht in der Nähe des Netherbow-Tores, das früher Edinburgh gegen Canongate abgrenzte.

GANZ RECHTS: Eine Seite der Abhandlung von John Knox gegen weibliche Staatsoberhäupter, die, unverblümt in der Wortwahl, 1558 in Genf verlegt wurde.

RECHTS: George Wishart stirbt in St. Andrews auf dem Scheiterhaufen, nach einem Holzschnitt in Holinsheds Chroniken (1577). Wishart hatte Knox geistig inspiriert.

THE FIRST BLAST
TO AWAKE WOMEN
degenerate.

O promote a woman to beare rule, superioritie, dominion or empire aboue any realme,nation,or citie,is repugnāt to nature, cōtumelie to God, a thing most contrarious to his reueled will and approued ordināce, and finallie it is the subuersion of good order, of all equitie and iustice.

In the probation of this propofition, I will not be so curious,as to gather what foeuer may amplifie, set furth,or decore the same, but I am purposed, euen as I haue spoken my conscience in most plaine ād fewe wordes, so to stād content with a simple proofe of euerie membre, bringing in for my witnesse Goddes ordinance in nature,his plaine will reueled in his worde, and the mindes of such as be moste auncient amongst godlie writers.

And first, where that I affirme the em
B 1

Berwick 1560 wurde schließlich die Protektion der Schotten gegen die Franzosen festgelegt.

John Knox' Ziel war es, eine reformierte schottische Kirche zu gründen, das "Papsttum" abzuschaffen und ein umfassendes Bildungssystem einzurichten. Erst 130 Jahre später jedoch wurden diese Ziele erreicht.

Knox sollte der Katholikin Maria Stuart ein Dorn im Auge werden. Sie war 1542, kaum eine Woche alt, Königin von Schottland geworden. Nach einer auf Schloß Stirling und in Frankreich verbrachten Kindheit und Jugend heiratete sie 1558 den französischen Thronfolger Franz. Diese Verbindung wurde von Frankreich und Schottland als ideales Mittel angesehen, England in Schach zu halten. Die englische Königin Maria Tudor und der französische König Heinrich II. bekräftigten den Anspruch seiner frischgebackenen Schwiegertochter, auch Königin von England zu sein. Man argumentierte, daß Maria Tudors Stiefschwester Elisabeth als uneheliche Tochter Anne Boleyns und Heinrichs VIII. kein Anrecht auf den englischen Thron hatte.

Als König Heinrich 1559 starb, befand sich Maria Stuart auf dem Höhepunkt ihres Lebens: Sie war Königin von Schottland, die Gemahlin des Königs von Frankreich und erhob Anspruch auf den englischen Thron.

Innerhalb eines Jahres jedoch hatte sie ihren Anspruch auf den englischen Thron aufgegeben, und als kinderlose Witwe war sie in Frankreich uninteressant geworden. Einzig das Königreich Schottland war ihr geblieben, und auch hier hatte sich auf dem Gebiet der Religion einiges verändert. Mit ihrer Schönheit und würdevollen Haltung gewann Maria die Herzen ihrer Untertanen. Ihr frühes Witwentum rief allerseits Mitgefühl hervor, und ihre trotz ihres Katholizismus gemäßigte Einstellung in religiösen Fragen beruhigte das Volk. Die ersten paar Jahre nach ihrer Rückkehr nach Schottland erfüllte sie die sicher nicht ganz einfache Rolle einer katholischen Königin in einem Land, das seit kurzem protestantisch war, mit Diplomatie, Charme und Tatendrang.

Von neuem jedoch stellte sich die Frage einer Heirat. Maria wählte Lord Henry Darnley, der als Ehegemahl zunächst ideal schien. Er hatte Verbindungen zu Königshäusern, sah gut aus, besaß Charme und war jung. Er war aber auch arrogant und hatte keinerlei Einfühlungsvermögen, und bald stellte sich heraus, daß er ihr nicht die Stütze sein konnte, die sie brauchte. Er war außerdem eifersüchtig auf ihre Ratgeber – zunächst auf Moray und dann später auf den Sekretär Rizzio – was

zunächst in einer Rebellion und dann in Mord enden sollte.

In der Nacht des 9. März 1566 drang Darnley unangekündigt durch eine Geheimtür in den Speisesaal der Königin ein. Kaum hatte die königliche Tafelgesellschaft, darunter auch Rizzio, den unerwünschten Gast erblickt, als auch schon weitere Verschwörer auf demselben Weg eintraten und Rizzio gefangennahmen. Sie zerrten ihn aus dem Zimmer und erstachen ihn draußen brutal. Die Motive der Verschwörer waren unterschiedlich. Darnley wollte sich einfach an dem Mann, der ihn, wie er glaubte, aus der Gunst der Königin verdrängt hatte, rächen. Andere sahen in Rizzio einen Emporkömmling niederer Herkunft, der Männer höheren Standes von ihren einflußreichen Positionen, die ihnen als Geburtsrecht zustanden, verdrängte.

Mit dem Mord an Rizzio waren die Probleme jedoch nicht aus der Welt geschafft. Mit einer Gruppe von Adligen (unter ihnen Bothwell, der ihr zur Zeit des Mordes an Rizzio treu zur Seite gestanden hatte) besprach Maria Ende November die Probleme im Zusammenhang mit ihrem Gemahl.

Der Tod Darnleys ein Jahr später stellt eines der ungelösten Rätsel der Geschichte dar. Jegliche bisherige Deutung des Falles läßt Fragen offen. Es ist noch nicht einmal eindeutig geklärt, auf welche Weise Darnley umkam. Das Haus, in dem er in der Nacht zum 10. Februar 1567 schlief, wurde um 2 Uhr morgens von einer Explosion zerstört, seine Leiche wurde jedoch erdrosselt im Garten aufgefunden!

Das weitere Schicksal Marias sollte davon abhängen, wie ihre Untertanen Darnleys Tod beurteilten. Die Meinung des Volkes ging dahin, daß James Hepburn, Graf von Bothwell, die Verschwörung angestiftet hatte. Als Maria am 15. Mai 1567, knappe drei Monate nach dem Vorfall eben diesen Bothwell heiratete, war ganz Schottland schockiert. Bald wurde eine weitere Verschwörung angezettelt, und zwar diesmal, um die Königin von Bothwell zu "befreien".

Dieses Unterfangen wurde weithin gebilligt. Das Ansehen der Königin war zum Zeitpunkt ihrer dritten Ehe sehr gesunken.

Maria wurde am 15. Juni 1567 in Carberry Hill von Bothwell "befreit" und umgehend in Schloß Lochleven eingesperrt. Dort zwang man sie zur Unterzeichnung einer Abdankungsurkunde und zum Einsetzen eines Regentschaftsvormundes für ihren kleinen Sohn.

Am 2. Mai 1568 gelang ihr die Flucht, und sie versuchte verzweifelt und erfolglos, den schottischen Thron zurückzugewinnen. Elisabeth I. führte widerstrebend ihre Exekution aus.

LINKS: Der Italiener David Rizzio, Marias Sekretär, ein talentierter Dichter und Musiker. Er und Maria pflegten bis tief in die Nacht hinein Karten zu spielen, was die Eifersucht ihres Gemahls schürte.

UNTEN: Das Schlafgemach der Königin. Die Gemächer Darnleys wurden während der Umbauarbeiten unter Karl II. verändert. Das Bett ist ein Originalstück von 1684.

OBEN: Die West-front von Holyrood-house (vollendet 1529–32). Nach der Restauration 1660 ließ Karl II. den Palast umbauen, besuchte Schottland jedoch nie, um das Resultat zu besichtigen. Unter Sir William Bruce nahm der Palast modernere Formen an (1671–80): Der Turm Jakobs IV. wurde durch einen Südwestturm ergänzt und beide durch eine elegante Fassade verbunden.

RECHTS: Holyrood-house 1647 unter der Herrschaft Karls I., eine Zeich-nung von Gordon of Rothiemay.

Die Geschichte von Holyrood-house begann mit einer kleinen Kapelle, die Königin Margarethe auf dem Schloßfelsen errichten ließ. Sie hatte insbesondere das heilige Kreuz (holy rood) verehrt, das sie in einer goldenen Schatulle aufbewahrte und von dem sie glaubte, es sei ein Teil des Kreuzes von Jesus Christus. Nach ihrem Tode erbaute ihr jüngster Sohn, David I. (1084–1153), das Augustinerkloster Holyrood. Die Mönche bewirtschafteten das Land und brauten Bier, und bald siedelten sich Bauern, Handwerker und Kaufleute um das Tor des Stiftsherrn (Canon's Gate) herum an. Das Kloster war Zeuge vieler kirchlich bedeutsamer Ereignisse, deren Höhepunkt der Ikonoklasmus der Reformation darstellte. Zweihundert Jahre danach wurde das Dach mit schweren Steinplatten erneuert, stürzte aber während eines Sturmes 1768 ein. Seit damals ist das Kloster Holyrood eine Ruine.

Der Palast Holyroodhouse, heute offizielle schottische Residenz der britischen Königsfamilie, war ursprünglich ein Gästehaus für königliche Besucher.

Jakob IV. begann 1501 mit dem Umbau zu einem Palast für seine Braut Margarethe Tudor, Tochter Heinrichs VII. Zu den Dramen, die sich hier abspielten, gehört auch der Mord an Rizzio, dem am Hofe verhaßten Favoriten der Königin.

Ein Jahrhundert später fand hier eine der gräßlichsten Bestattungen in der Geschichte Edinburghs statt. Oliver Cromwell hatte den Marquis von Montrose, einen Monarchisten, wegen Hochverrats exekutieren lassen. Seine Gliedmaßen wurden einzeln im ganzen Land ausgestellt. Nach der Wiedereinführung der Monarchie 1660 wurde der Marquis rehabilitiert und seine Gliedmaßen wieder eingesammelt: eines seiner Beine wurde aus Aberdeen zurückgeholt, sein Kopf von einem Haken in Edinburgh abgenommen, sein anderes Bein und seine Arme wurden aus Glasgow, Stirling und Perth zusammengetragen, und der Rest seines Körpers von einem Schaugerüst in der Nähe der Tron-Kirche geholt. Die Leichenteile waren vier Monate lang in der Holyrood-Kapelle aufgebahrt, dann wurden sie im Sarg durch die Straßen getragen und in St. Giles bestattet.

1544 brannte eine englische Invasions-armee den Palast Holyroodhouse und das Kloster fast vollständig nieder. Nach dem anschließenden Wiederaufbau brannte der Palast 1650 durch einen Unfall erneut nieder. Oliver Cromwell restaurierte das Gebäude. Karl II. ließ es 1671 zu dem architektonischen Meisterwerk umbauen, wie es heute zu sehen ist.

1745 beherbergte Holyroodhouse einen weiteren schillernden, aber gesinnungs-losen Gast – den jungen Thronbewerber Prinz Karl Eduard Stuart, der am Mercat Cross zunächst seinen Vater, Jakob III., als König von Schottland, England, Frank-reich und Irland ausrufen ließ und dann selbst in den Palast einzog.

Jakob Stuart, der alte Thronbewerber und katholische Neffe Karls II., träumte stets davon, König von Schottland zu sein, obwohl sein Onkel zum König von Schott-land und England gekrönt worden war.

LINKS OBEN: Das zerstörte Mittelschiff des Klosters Holy-rood.

OBEN: Uhrenturm und Haupteingang des Palastes. Das Datum 1680 bezieht sich auf die Vollen-dung der Umbauar-beiten unter Karl II.

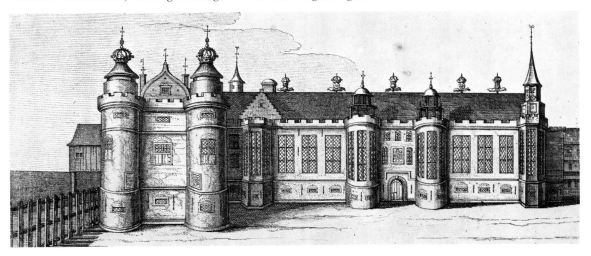

und kam am 23. Juli 1745 in Eriskay auf den Hebriden an. Zwei Tage später war er auf dem Festland, wo er Donald Cameron von Lochiel, einflußreiches Familienoberhaupt des Cameron-Clans, um Beistand bat. Cameron riet dem Prinzen zur Geduld. "In ein paar Tagen", erwiderte Charles, "werde ich mit Hilfe der paar Freunde, die mir geblieben sind, den "Royal Standard" hissen und dem Volk verkünden, daß Karl Stuart zurückgekommen ist, um Anspruch auf den Thron seiner Vorfahren zu erheben und den Thron entweder zu gewinnen oder dabei zugrunde zu gehen. Lochiel, der, wie mein Vater mir oft erzählte, unser treuester Freund ist, kann ja das weitere Schicksal seines Prinzen von zu Hause aus verfolgen." Das konnte Lochiel natürlich nicht hinnehmen. "Nein, ich werde das Schicksal meines Prinzen teilen", antwortete er, "und das gleiche gilt für mein Gefolge."

Viele Hochländer schlossen sich den Camerons an, und der Prinz wurde zum Regenten und sein Vater zum König von Schottland ausgerufen.

Die Position des Prinzen wurde durch die Schlacht von Prestonpans am 21. September gefestigt. Die Hochländer metzelten die Feindesarmee brutal nieder. Mit der Anordnung "tötet sie nicht, sie sind

OBEN: Portrait von Prinz Karl Eduard Stuart, von Antonio David (1732).

RECHTS: Die Schlacht bei Culloden, 16. April 1746. Die rotbefrackten Hannoveraner wehren den Angriff der Camerons, Stuarts und der Athollmänner ab. Jakobinergefangene aus Southwark dienten als Modelle für die Hochlandtruppen. Gemälde von David Morier.

Er stiftete drei Revolutionen an, die aber allesamt fehlschlugen.

Die Geburt seines Sohnes Karl Eduard Stuart im Jahre 1720 wurde in Jakobinerkreisen freudig begrüßt, und man schrieb dem Ereignis eine zukunftsweisende Bedeutung zu.

1744 bereitete Karl die Invasion Schottlands und die Rückforderung des Landes vor. Die Rückendeckung durch die Franzosen war gesichert. Unglücklicherweise jedoch zerstörte ein Unwetter die französische Flotte bei Dünkirchen und Karl sah sich zur Abänderung seiner Pläne gezwungen. Er wollte aber nicht sein Leben lang auf die Hilfe der Franzosen warten – notfalls würde er seinen Plan allein durchführen. Eine unerschütterliche Überzeugung in die Rechtmäßigkeit des Thronanspruchs der Stuarts und seine Redegewandtheit waren alles, was er zu dem Zeitpunkt besaß.

Karl machte sich mit sieben älteren Königstreuen auf den Weg nach Schottland

Untertanen meines Vaters" bewies Karl seinen Großmut gegenüber dem Feind.

Das nächste Ziel war London – die Hochländer stießen auf keinen Widerstand von seiten der Engländer, aber auch auf wenig Sympathie. Ein Rückzug war ratsam. Eine weitere siegreiche Schlacht bei Falkirk folgte, welche wiederum zu dem schrecklichen Gefecht mit dem "Schlächter" Cumberland bei Culloden Moor führte. Die Jakobiner wurden geschlagen. "Bonnie Prinz Charlie" zog fünf Monate lang durch das westliche Hochland und über die Inseln. Dort traf er Flora MacDonald, die er dazu überredete, ihm als irisches Dienstmädchen verkleidet zur Flucht über das Meer auf die Insel Skye zu verhelfen. Aber auch dort war er nicht in Sicherheit vor den Engländern. Am 20. September 1746 verließ er Schottland für immer. Er verbrachte den Rest seines Lebens trübsinnig im Exil. Er liegt in Frascati in Italien begraben und sein Edelmut ist legendär geworden.

GANZ OBEN: Die Bildergalerie, in der Bonnie Prinz Charlie vor seinem Sieg bei Prestonpans 1745 einen großen Ball gab.

OBEN: Der rechtmäßige König von Schottland, England und Irland, im Alter von 55 Jahren ein unausgefüllter alter Mann.

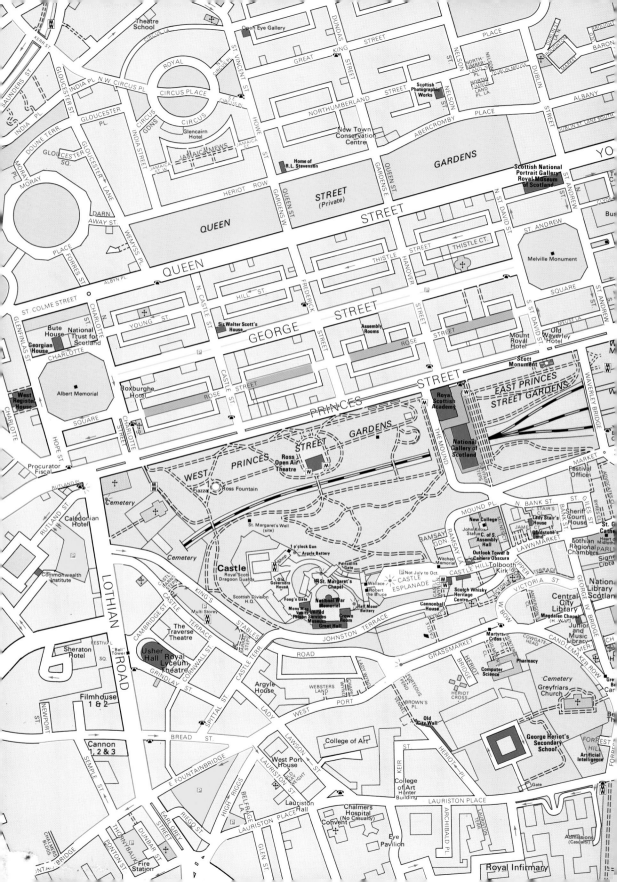

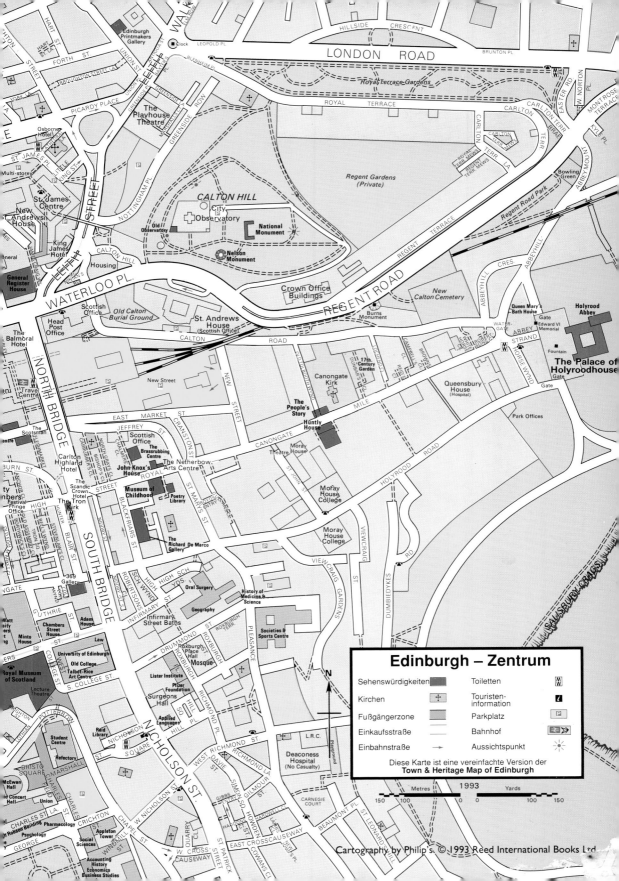

Obwohl in anderen Städten mehr Menschen leben, kann man, glaube ich, mit Sicherheit behaupten, daß in keiner anderen Stadt mehr Menschen auf so engem Raum leben wie in Edinburgh.

DANIEL DEFOE, 1724–7

**OBEN UND RECHTS:
Die Hauptstraße
in Richtung
Canongate.**

Geographie und Politik hatte die Bewohner der Altstadt nahe zusammengedrängt. Wenn sich dieser Umstand auch auf die Hygiene in "Auld Reekie" (alte Räucherkammer, der Kosename für Edinburgh) nicht gerade positiv auswirkte, so hatte er doch im Hinblick auf die Verbreitung von Ideen seinen Vorteil. Auf der Hauptstraße bekamen die Angehörigen aller Gesellschaftsschichten das Neueste mit. Die Philosophie und die Poesie waren dem einfachen Mann ebenso zugänglich wie dem Universitätsprofessor.

Viele bedeutende Gelehrte lebten an der Königlichen Meile. Allan Ramsey führte sein Perückengeschäft in der Hauptstraße. Er war außerdem noch Dichter, Liedersammler, Bühnenautor und Verleger, was ihn dazu bewog, auf ein Grundstück zwi-

schen Berwick's Close und Old Assembly Close zu ziehen. In Carrubber's Close baute er ein Theater, das jedoch keine Lizenz erhielt. Den Rest seiner Tage verbrachte er in Ramsay Lodge, einem Haus in der Nähe des Schlosses.

Der "ehrliche Allan", wie er genannt wurde, hinterließ Gedichte, Lieder, das Theaterstück *Der sanfte Hirte* (*The Gentle Shepherd*) und einen Sohn namens Allan, dessen Portraits (in der schottischen Nationalgalerie zu sehen) in den letzten Jahren künstlerisch immer höher bewertet wurden.

OBEN: Die Altstadt von Carlton Hill aus.

LINKS: Die Statue von Greyfriars Bobby, dem Hund, der seinem Herrn so treu ergeben war, daß er nicht von der Seite seines Leichnams wich, steht an der Kreuzung von Candlemaker Row und der Brücke Georgs IV.

LINKS UNTEN: Das Grüne Gemach verbindet die unterschiedlichen Stilrichtungen der Altstadt und der Neustadt Edinburghs.

RECHTS UNTEN: Rekonstruktion eines Stoffgeschäftes aus dem 17. Jh.

Robert Fergusson, der dichterische Nachfolger von Ramsay Senior, wurde auf dem Friedhof der Canongate-Kirche begraben. Dort ruht er gemeinsam mit anderen berühmten Persönlichkeiten wie z. B. Adam Smith, dem Autor von *Der Reichtum der Nationen* (*The Wealth of Nations*).

Oben auf dem Hügel im Lawnmarket wohnte in Craig's Close William Creech, der Verleger von Burns. Ihm folgte Constable, der Verleger Sir Walter Scotts. Hierher zogen auch die Gründer des kritischen Blattes *The Edinburgh Review* (*Edinburgher Kritik*). Mme. de Stael schrieb: "Sollte ein Wesen aus einer anderen Welt fragen, wo die höchste Stufe des Intellekts anzutreffen sei, so müßte man es an den *Edinbugh Review* verweisen."

Ein paar Häuser weiter befindet sich Anchor Close, wo William Smellie, ein Drucker, Naturwissenschaftler und Altertumsforscher, die erste Ausgabe der Encyclopaedia Britannica in drei Bänden herausgab. Hier ließ Creech die Gedichte von Burns drucken. Smellie führte Burns in den Crochallan Club ein, einen der vielen Clubs, die sich zu Diskussionen, zum Singen und zur allgemeinen Unterhaltung trafen.

Wieder ein paar Häuser weiter ist James's Court, wo ebenfalls viele geniale Männer wohnten. Hier erhielt James Boswell am 14. August 1773 die Nachricht, daß Dr. Samuel Johnson in Boyds Gasthof am oberen Ende von Canongate angekommen sei. Obwohl es schon spät war, begleitete ihn Boswell die Hauptstraße entlang zu seinem Haus. Johnson klagte ohne Unterlaß über den Gestank auf der Straße und bemerkte: "Ich kann Sie im Dunkeln riechen." Die Gefahr, aus einem der Fenster mit übelriechendem Wasser begossen zu werden, war zwar nach Boswells Aufzeichnungen durch die neuen Gesetze bedeutend geringer geworden, doch war der Ruf "Gardyloo!" (*Gardez-l'eau*) zweifellos noch öfter zu hören.

Vor Boswell hatte hier David Hume, Historiker und Schottlands bedeutendster Philosoph gewohnt. Im Zusammenhang mit dem Zeitalter der Aufklärung schrieb der amerikanische Präsident Thomas Jefferson, daß sich "kein Ort der Welt mit Edinburgh messen kann."

OBEN: Das Haus der Lady Stair (1622) dient heute als Museum, in dem Erinnerungsstücke von Robert Burns, Sir Walter Scott und Robert Louis Stevenson ausgestellt werden.

LINKS: Granitblöcke mit dem Herzen der Grafschaft Midlothian markieren den Eingang des alten Tolbooth-Gefängnisses.

OBEN: Canongate-Kirche, 1688 gebaut, als das Kloster Holyrood für die Ritter des Andreasordens umgebaut wurde. Die Gefangenen von der Schlacht von Prestonpans (1745) wurden unter Bonnie Prinz Charlie "im Gefängnis und der Kirche von Canongate" gehalten.

LINKS: White Horse Close, wo sich die Königlichen Stallungen befanden, bevor 1623 das Wirtshaus "White Horse Inns" und Pferdeställe gebaut wurden.

LINKS: Moray Place in der Neustadt.

UNTEN: Dekoratives Oberlicht in der Queen Street.

Edinburgh hat uns sehr beeindruckt. Es ist wunderschön und ganz anders als alle anderen Städte, die ich kenne. Auch Albert, der nun wirklich viel gereist ist, sagt, daß er noch nie so eine Stadt wie Edinburgh gesehen hat.

KÖNIGIN VIKTORIA, 1842

Georg Drummond, der sechsmal Oberbürgermeister von Edinburgh gewesen war, prophezeite, daß eines Tages eine prachtvolle Stadt nördlich der Altstadt entstehen würde. 1767 akzeptierte der Stadtrat den Bauvorschlag für die Neustadt, den der junge Architekt James Craig einreichte. Sie sollte im Rechteck angelegt werden und in erster Linie aus drei Parallelstraßen in ost-westlicher Richtung bestehen – der Princes Street, George Street und Queen Street. Diese sollten sich mit von Norden nach Süden verlaufenden Straßen kreuzen und im Osten und Westen von großzügig angelegten Plätzen und Straßenzügen eingerahmt werden; zwischen den Straßen sollten Gärten entstehen, in denen sich Natur und Kunst ergänzen würden. So entstand das klassische Edinburgh, dessen Pfeiler und Säulengänge,

OBEN: Das Georgianische Haus am Charlotte Square Nr. 7 wurde vom schottischen National Trust sorgfältig restauriert.

RECHTS: Der Salon des Georgianischen Hauses, wie es vermutlich im 18. Jh. aussah.

LINKS: Luftaufnahme von Edinburgh, die die Beziehung zwischen Altstadt und Neustadt verdeutlicht.

RECHTS OBEN: Decken-verzierung im Haus Nr. 5, Charlotte Square.

Verzierungen und Architektur zwar an das alte Griechenland und Rom erinnern, das jedoch ein Produkt des Zeitalters der Aufklärung ist.

Es gibt einige wunderschöne Gebäude, wie z. B. das Registerhaus von Robert Adam, die Universitätsgebäude an der Süd-brücke (South Bridge) mit monolithischen Säulen aus dem Gestein dieser Gegend, ebenfalls größtenteils von Adam, die Nationalgalerie und die schottische Kunst-akademie (Royal Scottish Academy) von Playfair, die St. Andrews-Kirche mit dem eleganten Turm von David Kay und die Königliche Hochschule der Chirurgie (Royal College of Surgeons) von Playfair. Betrachtet man die Regelmäßigkeit der Säulen des Moray-Platzes durch die Bäume im Garten, oder wandert man die ehr-würdige Heriot Row entlang, oder wenn man den Charlotte Square, in der Nach-mittagssonne und von Norden her bewun-dert, so erschließt sich einem nicht nur der architektonische Stil, sondern auch die schottische Lebensart.

Über der Tür von Charlotte Square Nr. 9 steht der Name Joseph Lister. Hier wohnte der Begründer der antiseptischen Chirurgie mit seiner Frau, der Tochter von James Syme, des Präsidenten der König-lichen Hochschule für Chirurgie. Lister war nach Edinburgh gekommen, um bei Syme zu studieren, und seine Heirat erleichterte ihm den Zugang zu der Gemeinschaft der Medizinwissenschaftler in Edinburgh. In der Königlichen Hochschule für Chirurgie sind die Portraits von drei Professoren namens Monro ausgestellt. Es handelt sich dabei um Großvater, Vater und Sohn, die nacheinander einen Lehrstuhl für Medizin

RECHTS UNTEN:
Robert Adams Meis-
terwerk städtischer
Architektur, die
Nordseite des
Charlotte Square,

für den 1791 als
harmonische
Erweiterung der
Neustadt der
Bauauftrag erteilt
wurde.

innehatten. Doch unter all diesen Größen
ist die Menschheit vor allem Sir James
Young Simpson zu Dank verpflichtet, der
den Gebrauch von Chloroform bei Oper-
ationen einführte. Er berichtet, wie er "in
Anwesenheit seiner Assistenten Dr. George
Keith und Dr. Duncan etwas Flüssigkeit in
ein Glas goß ... wir alle inhalierten sie und
lagen im Handumdrehen unter dem
Mahagonitisch." Damit war das Chloroform entdeckt.

Die Neustadt von Edinburgh war nun
200 Jahre lang Wind und Wetter ausgesetzt
und ist sanierungsreif. Das Sanierungs-
komitee möchte die Gebäude erhalten,
und das interessante Zentrum für
Sanierungsprojekte (13A Dundas Street)
ist für die Öffentlichkeit zugänglich. Fach-
leute veranstalten regelmäßig im Juni, Juli
und August Führungen.

LINKS: Ein Pinguin-
rennen im Edin-
burgher Zoo
(Corstorphine Road).
Bildung und For-
schung stehen auf
dem fast 33 km²
großen Gelände an
erster Stelle.

OBEN: Der
Botanische Garten
(Inverleith Row)
wurde 1670 als Heil-
krautergarten ange-
legt und ist heute
der zweitgrößte
botanische Garten
Großbritanniens.

GANZ LINKS: Die Kamera Obscura *(Castle Hill)* wurde um 1850 von einem Optiker im Aussichtsturm eingerichtet.

LINKS: Die schottische Nationalgalerie *(The Mound)* beherbergt eine wunderbare Sammlung an Kunstwerken von verschiedenen europäischen Meistern.

Canongate Tolbooth
Canongate
1591 erbaut, diente 300 Jahre lang als Gerichtsgebäude und Gefängnis, heute als Museum für Trachten und Tartans.

Schloß Edinburgh (s. S. 2–5).

Das schottische Erlebnis (The Edinburgh Experience) *City Observatory, Carlton Hill* Die schottische Hauptstadt – ihre Geschichte und Schönheit sowie die Legenden von Leidenschaft, Intrigen und Verrat, dargestellt in atemberaubenden 3D-Bildern.

Die Obstmarkt-Galerie (The Fruit Market Gallery) *Market Street* Werke schottischer und internationaler Künstler.

Das Georgianische Haus (s. S. 21).

Gladstone's Land *High Street* Ein vom National Trust restauriertes Haus aus dem 17. Jh. in der Altstadt.

Huntly House
Canongate
Restauriertes Stadthaus (16. Jh.) mit Einrichtungen aus verschiedenen Epochen.

Das Haus von John Knox (s. S. 7).

Das Haus von Lady Stair (s. S. 18).

Nationalgalerie der modernen Kunst (National Gallery of Modern Art) *Belford Road* Werke zeitgenössischer, darunter schottischer, Künstler und Bildhauer.

Schottische Nationalbibliothek (National Library of Scotland) *George IV Bridge* Unvergleichliche Sammlung an schottischen Büchern und Manuskripten.

Schottisches Volkskundemuseum (National Museum of Antiquities of Scotland) *Queen Street* Die schottische Geschichte von der Frühzeit bis heute.

Nationale Portraitgalerie (National Portrait Gallery) *Queen Street* Portraits bedeutender schottischer Persönlichkeiten.

Kunstzentrum Netherbrow (Netherbow Arts Centre) *High Street* Werke weniger bekannter schottischer Künstler.

Zentrum für Sanierungsprojekte in der Neustadt (New Town Conservative Centre) *Dundas Street* Permanente Ausstellung von Sanierungprojekten.

Der Palast Holyroodhouse (Palace of Holyroodhouse) (s. S. 10–13).

Museum der vereinten Streitkräfte Schottlands (Scottish United Services Museum) (s. S. 5).

Diese Liste soll einen Eindruck von der kulturellen Vielfalt Edinburghs vermitteln. Sie erhebt keinen Anspruch auf Vollständigkeit.

RECHTS UNTEN: Das Kindheitsmuseum (Museum of Childhood) *(High Street)* – eine Fundgrube für Spielzeuge und andere Utensilien der Kindheit.

GANZ LINKS OBEN:
Der galerienähnliche
Innenraum von
"Jenner's", dem
größten Kaufhaus
Edinburghs in der
Princes Street.

LINKS OBEN: Der
restaurierte Vorhof
des Schottischen
Museums (Royal
Scottish Museum)
(Chambers Street),
das in einem der
schönsten viktorian-
ischen Gebäude des
Landes unterge-
bracht ist. Idealer
Ausstellungsort
für verschiedene
Kunstsammlungen.

LINKS: Blick auf die
Princes Street-
Gärten in Richtung
Hauptstraße.

OBEN: Statue des
Herzogs von
Wellington in der
Princes Street. Im
Hintergrund das
Scott-Denkmal.

OBEN: Die Universi-
tät Edinburgh,
gegründet 1583,
ist die sechsälteste
Hochschule in
Großbritannien.
Über 11.000

Studenten sind hier
eingeschrieben.
Der Herzog von
Edinburgh ist
derzeitig Ehren-
präsident.

UNTEN: Der unter-
irdische Waverley-
Markt beim Bus-
bahnhof in der
Princes Street:
Einkaufen auf
mehreren Etagen.